Explication

DE LA

SITUATION DE L'ESPAGNE

A L'ÉPOQUE DU 25 OCTOBRE 1834.

EXPLICATION

DE

LA SITUATION

DE L'ESPAGNE

A L'ÉPOQUE DU 25 OCTOBRE 1834,

OU NOTES A CONSULTER
SUR L'ÉTAT VÉRITABLE DE CE PAYS, SES RESSOURCES
ET LE DANGER DE SES EMPRUNTS.

PARIS.

CHEZ G.-A. DENTU, IMPRIMEUR-LIBRAIRE,
rue d'Erfurth, n° 1 *bis*;
ET PALAIS-ROYAL, GALERIE VITRÉE, N° 13.
1834.

Explication

DE LA

SITUATION DE L'ESPAGNE

A L'ÉPOQUE DU 28 OCTOBRE 1854.

Si l'on disait à quelqu'un que, pendant des siècles, il y a eu à nos portes, nous touchant par une frontière de cent cinquante lieues, un pays sur lequel nous n'avons jamais eu que des notions vagues, à peu près comme celles que les missionnaires nous ont données sur la Chine; que notre gouvernement n'a jamais pu savoir exactement ce qui s'y passait, en paix comme en guerre; que nos écrivains, nos voyageurs ont peint ce pays de couleurs fantastiques, dont aucune n'approche de l'ombre de la vérité, bien certainement on s'écrierait : Cela n'est pas possible, vous voulez vous divertir à nos dépens : cependant cela est, et ce pays est l'Espagne. Nous allons tâcher de soulever un coin du voile épais qui la couvre, car, pour le déchirer tout entier, il faudrait un bras plus fort que le nôtre et faire un livre aussi gros au moins que le plus gros fait sur ce triste pays. Nous aurons soin d'être précis, de n'avancer que des faits avérés ou faciles à prouver; nous invoquerons des témoignages irrécusables, nous raconterons ce que nous avons vu avec un respect religieux pour la vérité : puissions-nous éclairer nos compatriotes et préserver notre pays des malheurs inévitables dont le menace tout contact avec l'Espagne! Il est bien temps de détruire de funestes illusions qui déjà ne nous ont coûté que trop d'argent, de sang et de larmes.

On a dit dernièrement dans la Chambre des *procuradores* que la France avait autant besoin de l'Espagne que l'Espagne de la France : nous verrons à quoi se réduit cette insolente assertion. Certes, si l'Espagne peut et veut se passer de nous, ce sera l'unique et le plus grand service qu'elle pourra jamais nous rendre : elle sera toujours forcée de nous acheter les produits de notre industrie, dont elle manque, et nous n'avons rien à lui demander que nous ne trouvions chez nous, ou plus facilement chez les autres. Gardons-nous bien surtout de lui donner nos hommes et notre argent : nos hommes, elle les dévorerait sans profit pour nous ni pour elle, et nous tromperait dans toutes ses promesses; notre argent, elle ne nous le rendrait jamais, et se moquerait de nous par-dessus le marché.

Je ne sais en vérité quel est le malencontreux écrivain qui a le premier établi cette renommée de loyauté espagnole avec laquelle on nous mystifie depuis si long-temps. Il ne serait pas difficile, l'histoire à la main, de prouver que la mauvaise foi et la perfidie ont toujours présidé aux transactions de cette nation. Il n'est pas étonnant que nos voyageurs modernes aient suivi ces premiers erremens; ils allaient en Espagne pour faire des phrases, de la poésie, du romantisme, n'entendaient pas un mot de la langue, et y restaient si peu, qu'ils n'avaient pas le temps d'observer.

Le plus effronté de tous les livres publiés depuis peu sur les affaires de ce pays, est sans contredit celui de M. Borrego, Espagnol. Nous aurons occasion de revenir plus tard sur ce tissu de mensonges que nos journalistes ont eu la bon-homie de prendre au sérieux, et qui n'a été fait ou commandé que pour aider les nouvelles fri-ponneries qu'on prépare à la Bourse aux trop cré-dules Parisiens.

On a bien écrit sur la fourbe italienne, sur la cruauté, la perfidie introduites à Rome et dans le reste de l'Italie par les Borgias; on s'est étendu avec complaisance sur l'histoire de ces Borgias, mais, ce que beaucoup de personnes ont oublié ou ne savent pas, c'est qu'ils étaient Espagnols.

Si l'on cherche, ou si l'on doit chercher l'es-prit d'un peuple dans ses antécédens, il n'y a guère de nations chez lesquelles on trouverait des faits pareils à ceux accomplis par Cortès, Pizarre et le duc d'Albe. Ajoutez à cela l'inqui-sition, l'expulsion des Maures, la manière dont ils furent traités par Ferdinand et Isabelle, les règnes de Charles-Quint, de Philippe II, de Philippe III, et vous aurez peut-être un résumé des causes de l'état actuel du pays, des résultats qu'elles ont amenés, et dont nous allons esquisser quelques traits, pour la plus grande édification et utilité du public.

Pour arriver à démontrer l'inutilité des efforts tentés pour changer les habitudes du peuple es-pagnol (du moins en peu d'années), il est nécessaire de jeter uu coup-d'œil sur son état moral en général, et ces mêmes habitudes en particulier.

L'Espagne n'est point une nation homogène comme les autres; et quoiqu'on puisse dire que la France, la Prusse, l'Angleterre, telles qu'elles sont constituées aujourd'hui, sont aussi des nations composées d'une réunion de peuples différens, l'Espagne diffère essentiellement, en ce que la civilisation et la centralisation n'y ont point encore passé le niveau de la fusion, et l'un des caractères essentiels du péninsulaire hispanique est de résister autant qu'il est en lui à cette fusion. Ainsi, un Espagnol est avant tout Arragonais, Catalan, Andalou, Castillan vieux ou nouveau; il se refuse obstinément à tout usage qui n'est pas celui de ses pères : de là, non seulement la haine de l'étranger, mais encore de tout ce qui vient de l'étranger. Ainsi, il n'y a pas d'Espagnol, si libéral qu'il soit, qui n'ait la conviction de la supériorité de sa nation sur les autres. Il n'a rien à apprendre; il sait tout et enseignerait au besoin à tous, s'il daignait s'en donner la peine. Il est vrai que, réduit matériellement et moralement à l'état le plus misérable, il est en arrière de trois cents ans sur les peuples les moins avancés; que, depuis cent cinquante ans, il n'a pas un nom à citer à l'Europe.

N'importe! il est content de lui, il a sa conviction, et cela lui suffit.

Il existe bien dans quelques grandes villes et dans quelques ports une portion de population bâtarde qui s'est frottée par le commerce aux étrangers; c'est cette portion qui est le noyau de la fraction dite *libérale,* fraction ignorante, mal instruite de ce qui se passe au-dehors, mêlant à ses idées de nouveautés ses anciens préjugés, ne sachant ni ce qu'elle veut ni où elle va, et qui est le jouet d'une certaine quantité d'intrigans qui ne voient et ne cherchent en résumé que des places et de l'argent. Cette fraction n'a aucune sympathie dans les masses, et c'est elle qui, sans le savoir, instrument d'intérêts particuliers, veut imposer à ces mêmes masses des idées et des institutions pour lesquelles elles ne sont pas mûres.

Avant d'implanter la liberté dans les institutions, il faut que la liberté soit dans les mœurs; elle peut passer des mœurs aux institutions, mais jamais des institutions aux mœurs. En France, sous la tyrannie de Richelieu, de Louis XIV, de Napoléon, la liberté était dans les idées, dans les hommes (1), dans les choses, et on a pu la

(1) Qu'on lise notre histoire et qu'on pèse notre littérature à ces différentes époques.

proposer en définitive au pays; et cependant combien d'obstacles à vaincre!

Pour changer tout à coup la physionomie d'un peuple, il faut un Lycurgue, un Charlemagne, un Pierre-le-Grand; il faut encore que l'homme à volonté ferme, à bras de fer soit du pays.

Un seul homme, de nos jours, aurait pu tenter ce miracle : cet homme n'existe plus. Eh! aurait-il réussi en Espagne? Question longue et difficile à résoudre.

L'on me dira : Faut-il qu'un peuple reste toujours dans les ténèbres? ne doit-on rien tenter pour l'en tirer? Je répondrai que les nations, comme le reste de ce qui est créé, doivent subir des nécessités; le temps seul peut y remédier.

La classe moyenne éclairée, propriétaire, intéressée au maintien de l'ordre, à l'usage d'une sage liberté, n'existe point en Espagne : le pays est partagé en deux espèces, l'une qui commande, l'autre accoutumée à obéir.

Le noble est une espèce de feudataire jouissant d'un amphithéose, le prêtre un usufruitier, le paysan dépendant de tous les deux. Cet état de choses ne peut être changé par une secousse, sous peine d'anarchie interminable. Il me semble que l'exemple des Amériques du Sud est assez frappant. C'est le même peuple, ce sont les mêmes habitudes; et qui peut prévoir quand ces différentes provinces cesseront d'être sauvées tous les six mois par des Constitutions qui doivent assurer à jamais le bonheur du pays! Cependant, si on considère les chances de succès pour un nouveau système, elles étaient beaucoup plus grandes en Amérique que dans la vieille Péninsule, qui pourrait bien avoir un sort pareil, sinon pire.

La religion, enseignée sur toute la surface du pays par un grand nombre de prêtres en relations journalières avec le peuple, a une influence immense. C'est en vain que l'on voudrait arguer de quelques évènemens particuliers arrivés dans les villes, pour dire, comme l'ont fait niaisement quelques journaux, que le clergé a perdu son crédit sur le peuple : cette influence est encore toute vivace, non seulement dans les campagnes, mais encore dans la plupart des villes. Ceux qui ont vu la campagne de 1823 en sont bien convaincus, et ce qui se passe encore aujourd'hui en est bien la preuve.

L'existence du clergé se lie même essentiellement à l'agriculture : les villages étant très-éloignés les uns des autres, ont presque toujours dans leur voisinage un couvent. C'est là que le paysan trouve de l'ouvrage, de l'argent, des

secours de toute nature que le gouvernement
ni la noblesse ne pourront lui donner de bien
long-temps (1). De Behobie à Madrid, il y a
près de deux cents de nos lieues de poste ; et
sur une aussi grande ligne, on ne trouve que
deux villes qui méritent ce nom, savoir, Vitto-
ria et Burgos ; car Tolosa, Miranda et Aranda
peuvent être tout au plus considérées comme de
gros bourgs. Or, quels secours, quels débouchés
peuvent prêter ces villes aux laboureurs répandus sur cet immense terrain ? Si vous ôtez vio-
lemment les couvens, l'agriculteur, déjà si pauvre, tombe dans la misère et dans le désespoir.
Le paysan labourera sa terre, direz-vous ; on lui
donnera celles du clergé... Mais qu'en fera-t-il
le malheureux ? Ce ne sont pas les terres qui
manquent en Espagne ; il n'y a pas de village
qui n'en ait des milliers d'arpens sous la main à
donner au premier occupant : ce sont des con-
sommateurs qui manquent, des débouchés, des
rivières, des routes, des canaux. Si le paysan,
dans les trois quarts des pays, produisait au-delà

(1) La noblesse n'habite pas ses terres, et elle le voudrait, qu'elle ne le pourrait pas, parce que les habitations
manquent, et que, sur aucun point de l'Espagne et sur
aucun domaine, il n'existe une maison capable de recevoir
un homme qui jouirait de 1500 fr. de revenu en France.

de sa consommation, il serait réduit à voir pour-
rir son grain. Le moine entretient quelques relations; il écoule peu à peu et consomme en partie les produits; il fait travailler l'industriel du
village, outre le laboureur, car il y a bien aussi
quelques maçons, menuisiers, charrons, serru-
riers. Que deviendraient, sans lui, tous ces misérables? Il n'y a ni grands, ni bourgeois, ni
fabriques, ni établissemens quelconques dans les
villages de l'intérieur; il n'y a que des chau-
mières et des couvens enfin : cela est fort malheureux, mais cela est.

Le moine est donc le soutien vivant de l'a-
griculture : non pas de l'agriculture comme nous
l'entendons chez nous, cela est tout différent;
c'est l'agriculture mauresque primitive, ayant
encore perdu le mouvement que lui donnaient
le grand nombre de bras et les transports loin-
tains à dos de chameaux, dans un temps où les
autres nations étaient elles-mêmes dans l'en-
fance.

Depuis, ces mêmes nations ont fait des pas
de géans, et l'Espagne a reculé.

Il est juste de dire, en réponse aux objections
possibles, qu'il y a peut-être un dixième de
l'Espagne assez bien cultivé sur les côtes, en
Catalogne, à Valence, à Saint-Ander; mais

qu'est-ce que cela prouve? c'est que ces petites parties trouvent quelques débouchés par la mer. Mais à quinze lieues de la côte, c'est autre chose; et encore tout le littoral des deux mers n'est-il pas cultivé, car la constitution géologique du pays ne s'y prête pas.

En suivant le chemin de Saint-Ander vers Burgos, lorsqu'on a dépassé Reinosa, on est effrayé de l'aspect du pays; et c'est un pareil état de choses qu'on veut changer subitement avec des institutions barbouillées à Madrid par des hableurs ignorans, sans argent, et qui font banqueroute!

En vérité, il faut qu'on compte bien sur notre légèreté et sur nos préoccupations pour nous conter, avec tant d'aplomb, de pareilles billevesées!

On dira encore: Si cette agriculture que vous dépréciez tant souffre, le peuple se jetera sur l'industrie et le commerce... Voyons si cela est possible.

Pour que l'industrie et le commerce fleurissent dans un pays, il faut une réunion de circonstances qui sont loin de se rencontrer en Espagne. L'industrie est la fille des besoins; or, là, les masses n'ont pas de besoins : tenues depuis longues années, tant par leur position géographique que par les soins du gouvernement, loin de tout contact avec le mouvement européen, les populations ignorent même les choses les plus simples du bien-être. Hors de la capitale et de quelques ports, les individus vivent dans une simplicité qui ressemble à l'indigence; encore une très-faible partie de la population des grandes villes participe-t-elle à certaines commodités: ainsi, dans les neuf dixièmes de l'Espagne, les papiers, les rideaux, les pendules, les meubles les plus usuels, les glaces, les quinquets, et mille autres objets chez nous de première nécessité, sont totalement inconnus (je ne parle point ici des futilités). J'invoquerai le témoignage de tous les voyageurs, et j'avancerai, sans crainte d'être démenti, que, dans la plupart des villes et villages de l'intérieur, l'usage des carreaux de vitre n'a pas encore pénétré.

En 1823, il fut impossible de trouver à Madrid de quoi faire du linge à charpie pour l'hôpital militaire; on fut obligé d'en faire venir de France.

Les draps de toile de fil, en général, en Espagne, sont de la grandeur de deux de nos serviettes. Quand un drap commence à s'user, on y met une pièce; si un trou se manifeste à côté, une autre pièce, et ainsi de suite, de manière à faire durer un drap éternellement. J'en ai vu un, chez un particulier cependant assez aisé, dans lequel j'ai compté jusqu'à cinquante - trois pièces. Hors les grands et les gens riches, on couche en Espagne sur des lits composés de deux tréteaux et de quatre planches; et il est rare qu'ils n'aient point, en longueur, six pouces de moins que la taille d'un homme ordinaire. Tout le reste est à l'avenant.

A Madrid, les grands et les riches ont seuls un mobilier; le reste fait pitié.

Il ne faudrait pas cependant déduire de là que tous les grands sont bien logés et bien meu‑blés; il y en a bien cinq ou six qui ont con‑servé une certaine aisance. Chez le duc de Mé‑dina-Cœli, grand de première classe, et qui occupe un des hôtels les plus apparens de Ma‑drid, on traverse cinq ou six grands salons dont le mobilier ne vaut pas vingt-cinq louis; il y en a bien d'autres qui sont encore plus misérable‑ment logés.

Il existe bien en Catalogne quelques fabriques; elles ne peuvent sous aucun rapport lutter avec les produits anglais et français.

On manque absolument de machines et d'ins‑trumens; il faut en faire venir de France à grands frais, et les transports absorbent toute espèce de bénéfice probable. Le capitaliste espagnol (si toutefois il y a des capitalistes espagnols, ce qui est encore une question) ne confie pas ses fonds à l'industrie, et un étranger serait mal reçu, vexé et rançonné de mille manières, si l'envie lui prenait de porter son industrie et ses capitaux en Espagne.

D'ailleurs, l'intolérance religieuse et bien d'autres causes s'opposent à ce que l'Espagne puisse jamais lutter avec l'Angleterre ou la France (1). Jetez-vous donc dans l'industrie dans un pareil pays, et dites-moi combien il faudra de siècles pour en changer les habitudes?

Le commerce, qui tient de si près à l'in-

(1) Un seul exemple suffit. Un ouvrier espagnol n'ose travailler que deux cent quatre-vingts jours dans l'année, tandis que l'ouvrier français travaille trois cent huit jours, et qu'il ne dépend que de lui de travailler les fêtes et dimanches. Les prétendus libéraux sont aussi intolérans sur ce chapitre que le clergé lui-même.

Le ministre des finances d'Espagne a adressé aux directeurs des douanes la décision suivante, en date du 28 août, sur l'entrée des livres appartenant aux voyageurs et faisant partie de leur bagage personnel :

« 1º On pourra introduire en Espagne des livres imprimés, en quelque langue que ce soit, neufs ou vieux, reliés ou brochés, mais seulement un exemplaire de chaque ouvrage, en payant moitié des droits. Les livres en mau-

dustrie, est aussi dans un état déplorable. Le commerce de l'intérieur consiste en brocantage, en colportage et en contrebande; celui du littoral est plus réel et plus étendu, mais se fait toujours en petit.

Il consiste en exportation de matières premières qui reviennent fabriquées dans le pays, ou en comestibles.

Déjà celui des laines et des huiles est tout à fait perdu. Le numéraire s'en va à l'étranger et ne reparaît plus. Le commerce d'outre-mer est réduit à presque rien. Voilà les véritables plaies que toutes les Constitutions du monde ne guériront pas : le mal vient de trop loin. Une grande union, une longue paix, un gouvernement sage et doux, un siècle ou deux, et par-dessus tout cela l'aide de la Providence ou d'heureux hasards.

vais état, et évidemment détériorés par un long usage, ne paieront rien.

« 2° Est permise de même l'entrée des livres imprimés en langue espagnole, et seulement un exemplaire. Ceux de ces livres qui auront été imprimés en Espagne seront exempts de payer les droits.

« 3° Il reste entendu que les livres à introduire ne peuvent pas être de ceux qui traitent de matières opposées aux lois en vigueur. »

Ce qui veut dire que l'introduction des livres reste prohibée comme par le passé.

Toutes les fantasmagories des novateurs actuels n'aboutiront à rien, n'empêcheront pas la décroissance du revenu, et surtout ne feront pas entrer un sou de plus au trésor, à moins qu'on ne trouve encore des niais qui en donnent; mais certainement ceux-là ne seront pas Espagnols.

Les arts, qui, de la fin du quatorzième siècle au commencement du seizième, ont jeté un si vif éclat en Espagne, sont arrivés maintenant au dernier degré d'avilissement : les successeurs des Murillo, des Velasquez, des Veruguete, des Herrera ne pourraient pas gagner en France une faible journée d'ouvrier. Quel intérêt peut-on avoir à cultiver les arts dans un pays qui non seulement ne saurait les payer, mais qui n'entretient pas même des écoles conservatrices et ne veut pas que les Espagnols aillent apprendre à l'étranger? L'orfèvrerie, la serrurerie, la menuiserie, qui ont montré une si grande puissance dans les cathédrales de Séville, Cordoue, Tolède, Burgos, etc., sont tombées à présent au-dessous de ce qui se fait dans les villages de la Basse-Bretagne.

Si l'on apportait à Paris un couvert d'argent fabriqué par l'orfèvre de la cour, on croirait, au dessin et à la façon, que cela vient des îles Sandwich ou de celles des Amis.

Les hommes à grandes vues qui promettent tant à l'Espagne, vous diront avec un grand sang-froid, qu'au moyen d'une jolie Constitution et d'un tour de main, ils vont changer tout cela ; et qu'attendu la supériorité de l'Espagne, le monde actuellement tributaire des artistes français et de nos manufactures, d'ici à six mois ou un an au plus tard, apportera ses millions à Madrid, et se gardera bien d'aller chercher son luxe et ses jouissances aux salons du Louvre ou à l'exposition de nos produits. Et le plus extraordinaire de tout cela, c'est qu'il y aura en France des milliers de gobe-mouches qui y croiront, et des journaux qui le démontreront. De là la réalisation des rêves financiers de M. Borrego.

Ce monsieur, qui a évidemment écrit pour perpétuer les préjugés d'*Eldorado* répandus sur son pays, poussé cependant par la force de la vérité, convient que les finances sont dans un état déplorable, que l'Espagne est mal cultivée ; mais il s'empresse aussi de dire que c'est un sol admirable et d'une fertilité telle, qu'il n'hésite pas à faire des calculs de milliards sur leur valeur. Nous lui demanderons seulement s'il a pris pour base de ses estimations la plaine de Saint-Denis ou celle de Vacia-Madrid (1).

(1) Saint-Denis est à peu près à la même distance de

On nous jette toujours au nez cette fertilité qui doit produire des miracles. Mais il y a à Maroc et dans l'intérieur de l'Asie des terres dix fois plus fertiles, et qui ne sont pas, comme en Espagne, déchirées par des ravins et des rochers. Que M. Borrego cherche à emprunter des millions sur ces terres-là, et il verra.

Ces messieurs diront : Nous allons faire des routes, des canaux, mettre tout cela en valeur.

D'abord, les routes sont très-difficiles à faire en Espagne : il faut immensément d'argent, et vous n'en avez pas. Même réponse pour les canaux, en ajoutant cependant qu'eussiez-vous encore dix Pérous et dix Mexiques, vous ne feriez pas de canaux, attendu que vous n'avez pas d'eau; qu'il faut chez vous dix fois plus d'écluses que dans les autres pays, vu les déchiremens du terrain, et que quand vous avez voulu faire des canaux, la seule chose à laquelle vous n'ayez pas pensé, c'est à la dépense d'eau des écluses.

Paris que Vacia-Madrid de Madrid. Le prix moyen d'un arpent de terre, à Saint-Denis, est de 3000 fr. En 1830, un sieur Rojas, marchand de bêtes féroces du roi Ferdinand, a acheté du comte Altamira le château (c'est-à-dire la barraque) de Vacia-Madrid et ses dépendances, et quelques milliers d'arpens de terres des meilleures de la banlieue, au prix moyen de 7 à 10 fr.

Tout le monde sait qu'à cent lieues au moins de poste autour de Madrid, il n'y a pas une rivière capable de porter un batelet, et que, vers les côtes, il y en a à peine trois ou quatre navigables à quinze lieues de leur embouchure.

Dans la Manche, on fait quelquefois vingt lieues sans trouver une goutte d'eau ; dans les Deux-Castilles, des steppes immenses couvertes de pierres, des torrens dont les bords sont fiévreux, des provinces entières sans arbres et sans buissons, voilà les élémens de la prospérité financière prochaine de l'Espagne.

Qu'on n'aille pas nous dire que nous exagérons. Si le temps et les bornes de cet écrit nous le permettaient, nous trouverions encore vingt obstacles plus insurmontables que tout cela, sans compter les obstacles moraux, et ceux-là ne sont pas les moindres, surtout avec la marche suivie par les cortès de 1820 et les *procuradores* d'aujourd'hui. Les deux plus grands moyens financiers proposés par M. Borrego pour diminuer la dette et se procurer des ressources, et qui ont excité l'admiration de quelques journaux, sont les suivans :

1° Reconnaître les républiques d'Amérique, et mettre pour prix de cette reconnaissance moitié ou grande partie de ladite dette à la charge de ces États, *qui seront enchantés.*

2° Oter la dîme au clergé, et la capitaliser au profit du fisc.

Les républiques d'Amérique n'ont plus rien à craindre de l'Espagne, qui sera forcée un jour de les reconnaître *gratis.* Elles se moqueraient de celui qui leur proposerait de se charger d'une dette énorme qui ne les regarde nullement, lorsqu'elles ne peuvent pas faire face aux emprunts contractés pour la conquête de leur liberté. Le sort des créanciers ne serait pas amélioré, car ces républiques sont aussi ruinées que l'Espagne, et cette dernière serait toujours solidaire vis-à-vis d'eux (1). D'ailleurs, ce rêve a beau être entouré de phrases et de sophismes, je crois qu'il ne faut pas insister sur une réfutation sérieuse ; je doute même que personne ait pu se laisser illusionner au point d'y croire un instant.

Quant au deuxième moyen, celui d'ôter la dîme au clergé et de la capitaliser en faveur du fisc, il me semble qu'il suffit d'y réfléchir un moment pour en sentir toute l'absurdité.

______

(1) Ils auraient l'avantage d'avoir deux mauvais débiteurs au lieu d'un.

Si vous voulez marcher dans un sens vraiment libéral et soulager le peuple, en même temps l'agriculture, supprimez purement et simplement la dîme. Or, vous voulez que ce même peuple rachète cette dîme avec de l'argent qu'il n'a pas; de deux choses l'une : ou l'impôt est injuste, et il faut l'anéantir, ou il ne l'est pas, et il faut le laisser.

Mais ce qu'on indique est tout bonnement de dépouiller le clergé au profit du gouvernement, sans soulagement pour le peuple; qui, au contraire, aimerait bien mieux continuer à payer la dîme que de débourser en un instant une somme considérable, que probablement il ne pourra se procurer; et, d'ailleurs, ne retombe-t-on pas là dans les obstacles moraux qui sont précisément ceux qu'il faut vaincre, *si c'est possible.*

L'état des finances est donc non seulement déplorable quant au présent, mais encore pour l'avenir; et quoi qu'on puisse dire, il n'y a guère moyen de l'améliorer. Cette situation est le résultat d'une longue et mauvaise administration, et ce ne peut être qu'avec beaucoup de temps et de peine qu'on peut y remédier (1).

(1) La lèpre des intendans de province, qui, de temps immémorial, sont en possession de dévorer l'Espagne, sera

Les hommes qui dirigent actuellement les affaires d'Espagne sont impuissans pour cette œuvre de régénération. Il faudrait commencer par établir une bonne administration, et ces hommes sont tellement imbus de préjugés, tellement incapables et identifiés avec de mauvais erremens, qu'il n'est pas permis d'y penser : ce qui vient de se passer dans la discussion financière en est une preuve bien irrécusable.

Il en est de même de la justice. Ces mêmes erremens suivis depuis si long-temps ont encroûté les idées dans une marche qui, d'ici à des années, ne pourra être changée. Tant qu'il y aura en Espagne des alcades, des corrégidors, des escrivanos et des alguasils, il n'y aura pas de justice ; et cependant la justice est une des bases fondamentales du bien-être d'une nation.

Peut-il y avoir une justice dans un pays où personne n'en a d'idée, et où l'on repousse tout ce qui peut ressembler à l'étranger ? Cependant le juste et l'injuste sont considérés de la même manière dans tous les pays.

une des choses les plus difficiles à extirper. Il n'est pas rare de voir ces misérables despotes, sans autre guide que leur volonté et leur rapacité, taxer et rançonner arbitrairement les négocians, et faire ensuite la contrebande avec eux ou contre eux, en leur volant alors leurs marchandises.

Dans le procès d'un Français contre Felippe Riera (1), devant le conseil de Castille, j'ai entendu les célèbres avocats Cambronero, Recio et Gamarra, plaider qu'on ne devait aucune justice au demandeur parce qu'il était étranger, et le défendeur bon Espagnol et bon catholique.

On a si peu d'idée de la justice et du respect qui lui est dû, dans ce pays, que j'ai vu, sans qu'on le trouvât extraordinaire, un juge de Madrid, faisant fonction de corrégidor, écouter et juger dans son tribunal les affaires les plus graves sans cravate, en veste de peau d'agneau, avec un cigarre à la bouche.

Cela ne sent-il pas un peu le pays des Iroquois?

Si nous voulions passer en revue toutes les incohérences, les anomalies et les absurdités qui existent en Espagne, nous serions effrayés du fardeau qui pèse sur ces malheureux *procuradores,* et encore plus si nous comparions leurs moyens moraux avec la tâche qu'on prétend qu'ils rempliront en si peu de temps (2).

L'état militaire n'est pas un des moins graves empêchemens à l'amélioration financière et civile.

(1) Il s'agissait d'un capital de 5oo,ooo fr.

(2) *Voir* leurs dernières discussions.

Il n'y a guère plus de gens qui entendent cette partie que les autres ; il faut encore ici changer les habitudes de la nation.

L'état militaire est, depuis long-temps, une manie en Espagne : tout le monde veut être militaire et porter l'uniforme : on y est persuadé qu'un militaire se fait avec un habit et des épaulettes, et personne ne soupçonne les institutions qui font des officiers et des soldats ; sans parler des autres conditions qui font qu'une nation est destinée à avoir des armées ou à n'en point avoir. Ce qu'il y aurait de mieux pour l'Espagne, dans sa situation actuelle, serait de n'en point avoir, car elle ne peut les payer, et elles lui sont absolument inutiles : les milices suffisent, en temps ordinaire, au maintien de la tranquillité intérieure ; et, en cas d'invasion, les guérillas, vu la configuration du pays, suffisent à sa défense. D'ailleurs, je ne crois pas que de bien long-temps la France cherche à conquérir l'Espagne, et encore moins l'Espagne à nous attaquer avec ses armées.

Il y a en ce moment en Espagne plus d'officiers que de soldats ; jamais on n'a conféré les grades avec autant de facilité et de légèreté. L'état-major actuel serait beaucoup trop considérable pour une armée de quinze cent mille hommes. Les lieutenans-généraux et maréchaux-de-camp sont au nombre de plus de dix-huit cents, sans compter les brigadiers. Les colonels sont innombrables ; aussi en voit-on souvent qui demandent l'aumône : j'en ai vu un qui servait comme domestique. Quant aux autres officiers subalternes, il n'en faut pas parler ; la manie d'accorder des grades aux enfans les a multipliés à l'infini : de là une déconsidération complète de l'état militaire. Il faudra cent ans pour changer cet ordre de choses, et l'on suit encore la même direction. La plupart des généraux espagnols sont ou de vieux courtisans qui n'ont jamais vu que des parades, ou d'anciens chefs de guérillas sans talens et sans instruction, ou enfin des généraux qui ont commandé des armées de trois cents hommes dans les guerres d'Amérique. Les chefs de guérillas sont encore les meilleurs, et ce sont ceux précisément qu'on estime le moins.

Les écoles militaires, celles du génie, de l'artillerie, sont tout à fait tombées et en arrière du siècle ; on n'y laisse pénétrer aucun ouvrage moderne écrit à l'étranger, point de savans, point de professeurs : aussi depuis bien long-temps le véritable esprit militaire, la tactique, l'ordre, sont entièrement disparus, si tant est qu'ils y aient jamais existé, ce qui serait un point d'histoire à éclaircir. La confiance, la jactance, une incroyable présomption, sont tout ce qui reste. Cette présomption, ce caractère appelé *national*, sont cause que les soldats ne savent point faire l'exercice ni les officiers commander.

La stratégie est tout à fait inconnue aux officiers supérieurs ; on bat encore les marches allemandes de Charles V, et les manœuvres sont à peu près ce qu'elles étaient sous Philippe IV.

Cependant il est juste de dire que le soldat espagnol est tout aussi bon qu'un autre : ce n'est pas sa faute si les institutions de son pays ont amené les choses à ce point, s'il a de mauvais généraux et une administration qui ne sait ni le nourrir ni l'habiller.

Quand un régiment est à Madrid ou dans une grande ville, cela va assez bien ; on donne de beaux uniformes, on soigne la tenue : mais quand on est en marche, c'est tout différent ; point de magasins, point d'hôpitaux, point de transports.

Aussi, au bout d'un mois, on voit les soldats sans souliers ; on prend des vivres au paysan sans les payer ; si un soldat est malade, on le laisse dans un village et on ne s'en inquiète plus.

Après cela, on s'étonne de la lenteur de Saarfield à venir de Portugal en Biscaye, et les jour-

naux font de beaux raisonnemens pour expli-
quer sa marche. Pendant ce temps, le pauvre
diable battait la campagne pour avoir du pain,
pour nourrir ses chevaux, et avait la moitié de sa
cavalerie à pied.

Il faut conclure de tout ce qui précède, qu'un
pays qu'une longue suite d'années a amené à
une pareille situation, ne peut pas se régénérer
en six mois; qu'il doit subir la dure loi des né·
cessités.

Que les obstacles sont à la fois dans les hommes, dans les choses et dans la nature même du
sol; que toutes les promesses de promptes amé·
liorations, les évaluations de ressources, sont
des déceptions. Du temps et beaucoup de temps;
un gouvernement sage, moins coûteux que celui
qui existe, et en même temps en harmonie avec
le pays; le concours unanime des populations et
l'aide de la Providence peuvent seuls amener
progressivement des changemens heureux : les
générations présentes ne sont point appelées à
les voir.

Non seulement l'Espagne ne paiera pas l'intérêt de sa dette réduite, mais elle aura encore
beaucoup de peine à suffire à ses propres besoins,
si toutefois l'anarchie ne vient pas encore aggra-
ver ses maux.

Chercher par de belles promesses, par de vaines paroles, à faciliter à l'Espagne de nouveaux emprunts quelconques, c'est, de banqueroutière qu'elle est, vouloir la rendre stellionataire.

Certes, la ruine actuelle d'une foule de rentiers est un grand malheur; ce serait encore en préparer de plus grands si on aidait le ministère actuel de ce pays à consommer de nouvelles fourberies ourdies avec beaucoup plus de profondeur qu'on ne pense.

Tout particulier, tout gouvernement qui touche aux affaires présentes de l'Espagne court à sa perte.

Il faut absolument laisser faire, sous peine de se précipiter.

Le gouvernement français, plus qu'un autre, doit se tenir sur ses gardes. Dans quelque situation politique que se trouve l'Espagne, il n'a rien à en espérer ni rien à en craindre. Le cas de république, ou l'équivalent, serait peut-être ce qui le menacerait plus directement.

Ce pays nous coûte déjà bien assez cher!

Les *procuradores* chercheront à réaliser en Angleterre leur emprunt de 100 millions. Il est bien possible que l'Angleterre, comptant sur ses moyens coërcitifs, consente à y prêter les mains (nous en doutons cependant encore); nous ne sommes pas bien convaincus qu'elle n'ait pas lieu de s'en repentir. Au reste, nous ne conseillerions pas à la France de jouer le même jeu (1).

(1) Il est tout à fait impossible qu'avec le gouvernement actuel l'Espagne puisse suffire à ses dépenses et payer l'intérêt de sa dette.

Les dépenses obligées s'élèvent à 700,000,000 de réaux.
L'intérêt de la dette à   300,000,000
____
Il faut donc   1,000,000,000

Et les recettes n'étant que 500 millions, il en résulte qu'il faut emprunter chaque année, ou bien se déclarer en banqueroute.

Et qu'on ne croie pas qu'il se trouve beaucoup d'argent en Espagne : le fait est que la circulation s'y fait avec peine, et qu'il y a deux ans, lorsque Encima y Piedra, ministre des finances, pauvre homme qui ne se doutait pas de la misère de son pays, imagina de faire refondre les anciennes monnaies, force a été de renoncer à l'exécution du décret, parce qu'en retirant de la circulation la monnaie à refondre, il n'y restait pas assez de piastres ou de monnaie de bon aloi pour suffire aux misérables besoins des provinces, et qu'on était à la veille de voir une perturbation dans les affaires qui entraînait des suspensions de paiement et des faillites sur tous les points.

Tout ce qui s'est passé depuis un demi-siècle doit nous avertir qu'il y a des catastrophes que l'on ne croit que quand on les voit; tout bon Français doit chercher à en préserver sa patrie.

FIN.

Paris. — Imprimerie de G.-A. Dentu,
rue d'Erfurth, n° 1 bis.